Voor Finn & Nils – EvdK
Voor Madeline – SP

De familie Lazuriet

De familie Lazuriet

Amsterdam · Antwerpen
Em. Querido's Uitgeverij BV
2014

www.queridokinderboeken.nl
www.ernestvanderkwast.nl
www.siebposthuma.com

Een deel van de illustraties maakte Sieb Posthuma in het A. Roland Holsthuis in Bergen, waar hij een maand verbleef.

Dit boek is ook verkrijgbaar als iBook.

Copyright tekst
© 2014 Ernest van der Kwast

Copyright illustraties
© 2014 Sieb Posthuma

Niets uit deze uitgave mag worden verveelvoudigd en/of openbaar gemaakt, in enige vorm of op welke wijze ook, zonder voorafgaande schriftelijke toestemming van Em. Querido's Uitgeverij BV

Vormgeving
Bockting Ontwerpers, Amsterdam

ISBN 978 90 451 1603 7
NUR 273

Ernest van der Kwast
Sieb Posthuma

Dit zijn de Lazurieten. Ze wonen heel ver weg in een paleis. Het is groot, het is mooi en het is van alle gemakken voorzien. Er rijden bijvoorbeeld kopkleprobots rond die gespecialiseerd zijn in het reinigen van loopneuzen en snottebellen. Iets wat heel handig is in het Lazurieten Paleis. Want het is er altijd een beetje koud. Alles is namelijk van blinkende lazuursteen: de vloeren, de muren, de plafonds. Maar ook de stoelen, de wc's en de bedden. Als iemand niest, dan hoor je het in alle gangen van het paleis – en komt er meteen een kopklepper op je af racen.

Er zijn vier Lazurieten: vader, moeder, James en Victoria. De kinderen krijgen alles wat ze wensen. Als James zegt dat hij een brandweerauto wil, dan komt er onmiddellijk een kopklepper aanrijden met een fonkelnieuwe brandweerauto, voorzien van zwaailichten, een loeiharde sirene en een uitschuifbare ladder van wel tien meter lang. Victoria krijgt ook alles wat ze wil, maar ze wil alleen pony's. Geen poppen, geen prinsessenjurken, geen zeemeerminnen en al helemaal geen roze pannenset met roze spatels en roze soeplepels. NEEHEE! ALLEEN PONY'S! Als Victoria 's ochtends wakker wordt, roept ze altijd: 'Ik wil een pony!' En dan wordt er een verse pony haar slaapkamer binnengereden.

De moeder zegt de hele tijd: 'Wat zijn onze kinderen toch zoet.' Ze heeft de mooiste lach van de hele wereld. Haar tanden zijn er stuk voor stuk uitgetrokken door een kopklepper en vervangen door schitterende blauwe lazuursteentjes. Als de moeder lacht, knijpt iedereen snel zijn ogen dicht.

De familie Lazuriet is de rijkste familie van de wereld. Dat komt omdat hun huis bovenop een mijn van lazuursteen staat. Talloze kopkleppers halen onafgebroken stukjes blauwe steen naar boven. Met één zo'n stukje kun je al een auto kopen. Met twee stukjes een zwembad met glijbaan. Met vier stukjes een reuzenrad met gondels in de vorm van draaimolens met locomotieven die echte stoom uitblazen.

   Onder het paleis van de Lazurieten is een blauwe steen zo groot als een berg te vinden. De vader heeft deze gevonden toen hij lang geleden op ontdekkingsreis was. Hij wilde een nieuwe diersoort ontdekken. Een vogel met een staart zo lang als een sjaal. Of een olifant met een slurf zo kort als een schoenveter. Maar de vader vond geen nieuwe vogel en ook geen nieuwe olifant, wel vond hij een blauwe steen. Nu staat er op die plek een paleis met blinkende muren en fonkelende torens. Met glinsterende gangen en flikkerende vloeren. Met oogverblindende kamers en twinkelende gewelven. Met glanzende wc's en bling bling brillen.

Niemand weet waar de Lazurieten precies wonen. Rovers en piraten zijn al jaren op zoek naar het paleis. Maar niemand heeft het ooit kunnen vinden. Het paleis ligt heel ver weg, op een afgelegen plek, in een onherbergzaam gebied, voorbij het land waar geen land meer is, maar wel rotsen en ravijnen. Daar ergens staat het paleis van de Lazurieten. Achter een berg. De voordeur heeft niet eens een bel. Er staat toch nooit iemand voor. Een bandiet die op de stoep zou staan, zou het paleis ook niet kunnen zien. Als je naar de muren en de torens kijkt, dan is het alsof je in de zon kijkt. Een schitterende blauwe zon.

Eén keer is er een piraat met één oog geweest die door de onherbergzame woestenij was getrokken en ten slotte was uitgekomen achter het land waar geen land meer is. Hij klom over de rotsen en de ravijnen en zag een blauwe gloed boven een berg. Zijn hart klopte in zijn keel. Bovenop de top keek hij naar beneden, maar hij wist niet wat hij zag. Hij zag de zon en de zee tegelijk. Blauw goud. Het spatte en straalde. Het volgende moment was de piraat ook aan zijn andere oog blind.

Op een dag wilde James een nieuwe raket. 'Ik wil een raket!' riep hij. 'En ik wil een pony!' riep zijn zusje. Twee kopkleppers kwamen meteen aangereden met een vuurrode raket en een schattige shetlander. 'Nee,' riep James. 'Ik wil geen rode raket!' Victoria schudde haar hoofd. 'Nee!' riep zij ook. 'Ik wil geen shit pony!'

Weer kwamen er twee kopkleppers aangescheurd. Ze leverden nu een geelzwarte tweetrapsraket en een hagelwitte highland pony af. 'Nee!' riep James. 'Ik wil geen tweetrapsraket!' Victoria kneep haar ogen dicht. 'Deze is te wit!' riep ze. 'Snel! Een andere!' Direct daarop stonden er twee kopkleppers klaar met een felgekleurde drietrapsraket en een pikzwarte pony. 'Nee!' schreeuwden James en Victoria. 'Te fel! Te donker!'

De moeder ging tussen haar kinderen en de kopkleppers in staan. 'Geen ruzie maken,' zei ze met een stralende glimlach. 'Geef elkaar maar een kusje.'

'Ik wil helemaal geen kusje!' riep James. 'Ik wil een nieuwe raket!'

'En ik wil een nieuwe pony!' riep Victoria.

De kopkleppers scheurden met piepende banden weg en kwamen terug met een miniatuurraket en een megagrote roze pony. 'Neehee!' riep Victoria meteen. 'Neehee!' James geloofde zijn ogen niet. 'Is dit een grap?' zei hij. 'Is dit een grap of zo?'

De vader kwam aangelopen door de glinsterende gangen met flikkerende vloeren. 'Wat is dat voor geschreeuw?' vroeg hij. 'Wie zijn jullie?'

'Dit zijn je kinderen,' vertelde de moeder.

'Wat grappig,' zei de vader. 'Hoe heten jullie?'

'Ik heet James,' zei James. 'En ik heet Victoria,' zei Victoria.

'Aangenaam kennis te maken,' antwoordde de vader en hij gaf zijn kinderen een hand.

'O, wat grappig!' riep de moeder en ze lachte haar blauwe tanden bloot.

Toen viel James op de grond. Hij was flauwgevallen. Het was de geur van de pony's. Die poepten gewoon op de flikkerende vloeren. De ene na de andere. Hoe kleiner de pony, hoe fijner de drol. Maar des te sterker de stank! Vooral de shetlandpony's konden er wat van. Ze leken heel schattig, maar stiekem lieten ze de hele tijd scheten. Of ze deden alsof ze hun haren aan het kammen waren, maar dan stonden ze toch te schijten. Als je verkouden was had je er niet zoveel last van, maar zonder loopneus was het niet uit te houden. Het hele paleis rook ernaar. En ponypoep ruikt niet naar rozen. Nee, ponypoep stinkt verschrikkelijk.

Victoria viel nu ook flauw.

'Snel! Een doekje!' riep de moeder. 'Snel!' Er kwamen van alle kanten kopkleppers aan die de neus van de moeder begonnen te reinigen.

De vader plukte een stofje van zijn pak. 'Als je rijk bent, dan stink je,' zei hij ten slotte. 'Dat is heel normaal.'

De kopkleppers maakten iedere nacht het paleis schoon. Er was een speciaal team dat de ponypoep opruimde. Dat waren andere kopkleppers dan de kopkleppers die verantwoordelijk waren voor de snottebellen, want anders zou je per ongeluk ponypoep in je neus kunnen krijgen.
Er waren wel honderd verschillende soorten kopkleppers in het huis van de Lazurieten. Je had ook een bananenpelkopklepper en een tafeltjedekkopkleppertje. En er waren zelfs buitenstebinnenkopkleppers die alle binnenstebuiten kleren omkeren.

James en Victoria lagen vaak in hun pyjama urenlang wakker in bed. Het werd 's nachts niet donker in het paleis. Er was altijd een blauwe gloed die duizendmaal weerkaatst werd: via de tunnels onder het huis en de ellenlange gangen van het paleis, via de vlekkeloze vloeren tegen de grote gewelven, via de tanden van de moeder tegen het strakke pak van de vader, via de muren en de bedden naar de ogen van James en Victoria. Veel mensen vinden een blauwe hemel het mooiste wat er is, maar een blauwe hemel is ook heel leeg. Zo leeg en blauw was het altijd in het hoofd van James en Victoria als ze op bed lagen. Dromen zijn als wolken, maar hoog aan de hemel van de slaap van de Lazurieten dreven geen wolken. Het was er koud en licht, ijl en eenzaam. Geen astronauten, geen luchtballonvaarders, geen zeppelins. Geen wolken, geen sterren, geen dromen.

   Als James en Victoria wakker werden, dan keken ze altijd om zich heen. Dat duurde heel even. Misschien niet eens een seconde. Daarna riepen ze de kopkleppers.

Op een ochtend gebeurde er een ongeluk. James had een nieuwe hijskraan gekregen, maar tot zijn teleurstelling was hij niet op afstand bestuurbaar. De volgende hijskraan had wel een afstandsbediening, maar er was geen kraanmachinist. De derde hijskraan was niet verrijdbaar. De vierde hijskraan was niet draaibaar. De tiende hijskraan was niet stabiel. De twintigste hijskraan was niet geel. De zestigste hijskraan was niet snel. De honderdste hijskraan was niet hoog genoeg. En toen was er een haak vast komen te zitten in de stijgbeugels van een van de pony's van Victoria. Het was een shetlandpony die jeuk aan zijn billen had en onrustig met zijn achterste poten trappelde.

'Sta stil!' riep James nog.

Maar de shetlander galoppeerde al in het rond. Eerst viel de op afstand bestuurbare hijskraan. Daarna de hijskraan zonder machinist. Vervolgens de niet-verrijdbare hijskraan. En toen alle andere hijskranen. Het maakte een verschrikkelijk kabaal. De pony's van Victoria schrokken zo ontzettend dat ze allemaal tegelijk begonnen te poepen.

'Kan het niet wat stiller?' hoorden ze de vader roepen. 'Ik ben de krant aan het lezen.'

'Schatje,' antwoordde de moeder. 'De kinderen zijn aan het spelen.'

James en Victoria keken naar de omgevallen hijskranen en de pony's die van streek waren. Ze geloofden hun ogen niet. Boven de ravage steeg een wolk op. Nee, het was geen wolk. Het was een pluim. Een pluim van een vogel. Een pluim van een vogel met een staart zo lang als een sjaal.

James en Victoria renden achter de vreemde vogel aan. Dwars door de glinsterende gangen en oogverblindende kamers. Ze sprongen over kopkleppers, brandweerauto's en pony's. Ze gingen steeds weer een andere hoek om en kwamen op plekken waar ze nog niet eerder waren geweest. Toen was de vogel opeens weg. James en Victoria zagen nog net het uiteinde van zijn staart in een gat verdwijnen. Ze bogen voorover, maar zagen niets. Het was een pikkedonker gat.
 'Kom dan,' zei een stem in de duisternis. 'Kom dan, kinderen.'
 James en Victoria staken hun hoofd in het zwart. Maar ze deden het allebei tegelijk en stootten hun hoofd. Ze donderden naar beneden, maakten meerdere koprollen en kwamen toen plotseling tot stilstand. Ze voelden overal dons, alsof ze in een wolk zaten.

'Nou, nou,' zei een stem. 'Kan het niet wat rustiger?' Het was de vogel met de staart zo lang als een sjaal. Ze konden hem niet zien, maar wel voelen. Victoria hield haar broer stevig vast.

'Wees gegroet, lieve kinderen,' zei de vreemde vogel na een tijdje. 'Wat leuk dat jullie op bezoek komen.'

'Waar zijn we?' vroeg Victoria.

'We zijn diep onder de grond in de lazurietmijn,' antwoordde de vogel. 'Dit is de enige schacht die niet fonkelt en straalt.'

'En wie ben jij dan?' vroeg James.

'Ik ben de vogel van de verbeelding,' antwoordde de vogel. 'Ha!'

James wilde vragen wat verbeelding is, maar hij durfde het niet.

De vogel vertelde dat hij in deze schacht woonde en dat hij eigenlijk nooit boven de grond kwam.

'Is het niet donker om hier te wonen?' vroeg Victoria.

'Donker?!' zei de vogel. 'Het kan voor mij niet donker genoeg zijn! Mijn lievelingskleur is zwart. Ha! Zwart is apart, ik weet het. Maar zwart is ook een start. Als je goed kijkt, zie je de mooiste dingen. Ik zag vanochtend nog een regenboog in de vorm van een zeppelin.'

'Dat kan niet,' zei James.

'Alles kan,' vertelde de vreemde vogel. 'Alles wat je gelooft.'

James en Victoria keken om zich heen, maar er gebeurde niets.

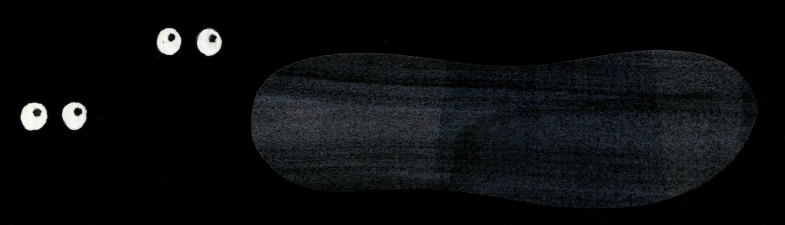

'Hoe lang durven jullie je ogen dicht te houden?' vroeg de vogel. 'Tien seconden? Tien minuten? Tien dagen?' De vogel met de staart zo lang als een sjaal begon te lachen. 'O, zwart is zo'n mooie kleur! Zwart biedt zo veel mogelijkheden. Het klinkt misschien een beetje verward. Maar is iets niet zwart, dan voel ik me benard!' De vogel ging op fluistertoon verder: 'Als je durft te dromen, dan zie je wat je droomt.'

'Ik zie niks,' zei James. 'Ik zie ook niks,' zei Victoria.

'Ik wil een raket!' riep James. 'En ik wil een pony!' riep Victoria.

'Kinderen, kinderen,' antwoordde de vogel. 'Dat kan helemaal niet. Er zijn hier geen kopkleppers. En je moet wel iets vreemds wensen. Je weet wel, iets knotsknettergeks?'

James en Victoria schudden hun hoofd.

'Iets crazykrankjorums dan?'

'Nee,' antwoordden ze tegelijk. 'Dat kennen we niet.'

'Iets hoteldebotelstapelzots?'

'Ja!' riep James. 'Ja! Een olifant met een slurf zo kort als een schoenveter!'

En pardoes. Daar stond een olifant met een slurf zo kort als een schoenveter in de schacht.

'Fascinerend,' zei de vogel. 'Hoogst bijzonder en eigenaardig.'

'Nu ik!' riep Victoria, maar ze wist niets te verzinnen. Uiteindelijk zei ze: 'Een walvis... met, eh... propellers!'

'Is dat alles?' vroeg de vogel.

'Een walvis met propellers...' zei Victoria. '...en spikkeltjes!'

'En wat nog meer?'

'Een fontein in de vorm van een palmboom!' zei James.

'En een gigantische vlinder als staart!' riep Victoria.

'Now we're talking baby,' zei de vreemde vogel.

'En wat dacht je van een claxon op allebei de oren?' vroeg Victoria.

'Maar een walvis heeft toch helemaal geen oren,' zei James.

'O, nee,' zei Victoria verdrietig. Maar toen bedacht ze zich. 'Onze wel,' riep ze. 'Ja! Onze walvis heeft wel oren! Met twee blinkende claxons bovenop!'

'En natuurlijk een touwladder om op zijn rug te klimmen,' riep James.

'Fantastisch,' zei de vogel. 'Helemaal crazykrankjorum!'

James en Victoria waren al op de walvis geklommen. Ze zaten nog maar net of de propellers begonnen te draaien. Het volgende moment vlogen ze over de rotsen en de ravijnen. Het ging allemaal heel snel. 'Alles kan!' hoorden ze de vreemde vogel roepen. 'Alles wat je gelooft!'

Beneden zagen ze hun ouders in de paleistuin staan. Ze keken naar de walvis in de lucht.

'Zijn dat niet onze kinderen?' vroeg de vader.

'Jeetje, wat hoog,' riep de moeder en ze zwaaide naar James en Victoria. 'Dag,' zei ze. 'Dag, lieverds!'

Talloze kopkleppers kwamen met zakdoekjes aanrijden en wuifden naar de kinderen die steeds kleiner werden in de blauwe hemel.

Op de rug van de walvis dacht James aan de zon en Victoria aan de zee. Ze vlogen door de wolken van hun dromen en landden op het strand. Het was een prachtige dag. Zo'n dag dat je zomaar begint te huppelen of te fluiten. James en Victoria trokken hun kleren uit en gooiden ze binnenstebuiten op het strand. Daarna renden ze op blote voeten over het warme zand, doken dwars door de golven en verdwenen in het blauwe goud dat spette en straalde.

Niemand weet precies wat er met de kinderen van de Lazurieten is gebeurd en waar ze op dit moment zijn. Er gaan verhalen dat ze door een vissersboot zijn opgepikt en nu een blauwe pet dragen en zeemansliederen zingen. Sommige mensen denken dat ze op een onbewoond eiland wonen en dat ze zandkastelen bouwen, melk drinken uit kokosnoten en in bomen naar de sterren kijken. Als je je ogen sluit, dan kun je ze misschien zien.